MORT CHRÉTIENNE

DE

MARIE PARENTEAU

AGÉE DE QUATORZE ANS.

MORT CHRÉTIENNE

DE

MARIE PARENTEAU

AGÉE DE QUATORZE ANS.

« Tu as tiré une parfaite louange
de la bouche des enfants..... »
(Ps. VIII, 3. Matth. XXI, 16).

SAINTES,

Typographie CHAVIGNAUD et Cᵉ, rue Saint-Michel, 17.

1857.

MARIE PARENTEAU.

Marie Parenteau habitait le Breuillac, commune d'Aumagne, près Matha (Charente-Inférieure).

L'Évangile ayant été annoncé dans ce village, ses parents, nés dans l'Église romaine, furent des premiers à le recevoir. Marie put ainsi entendre de bonne heure, soit au temple, soit dans des maisons particulières, les grandes vérités du salut. Dès sa plus tendre enfance, elle manifesta des dispositions sérieuses. On la voyait au culte public, les yeux fixés sur le prédicateur, l'écoutant avec une grande attention. Dans les réunions familières, où des questions sont adressées aux assistants sur un sujet biblique, cette enfant était toujours du nombre de ceux qui répondaient le mieux.

L'œuvre que le Dieu de miséricorde avait commencée dans son cœur, presque au matin de sa courte vie, se développa à mesure qu'elle grandissait et qu'elle lisait ou entendait expliquer l'Évangile.

A l'âge de douze ans, sa mère, alors bien moins avancée qu'elle dans la piété, l'envoya au bal. Marie y alla, non par goût, mais par obéissance. En rentrant le soir chez ses parents, elle dit :

— On ne me verra plus à ces plaisirs mondains; je n'y ai trouvé que de l'ennui.

Vers la même époque, elle se dépouilla des ornements qu'on lui avait achetés, en disant qu'elle ne voulait plus les porter. Cette chère Marie avait compris que ces vains ornements du corps ne sont pas ceux qui nous rendent agréables à Dieu; les ornements spirituels : La foi en Jésus-Christ et son amour dans le cœur étaient bien préférables à ses yeux. Quand elle remarquait de la légèreté dans la conduite ou les paroles des jeunes gens ou d'autres personnes, elle se faisait un devoir de leur dire qu'ils n'agissaient pas selon la volonté de Dieu. Se trouvant un jour avec une amie âgée, près de personnes qui chantaient des chansons profanes, elle lui dit :

— Éloignons-nous d'ici.

Dans une autre circonstance, on lui rapporta qu'un de ses parents avait dit qu'on pouvait prier après la mort, elle répondit :

« Je vais montrer par la Parole de Dieu que c'est là une erreur; puis elle lut ce passage : « Et comme il est ordonné que tous les hommes meurent une fois, après quoi suit le jugement (Heb. IX, 27). » Ce qui vient après la mort c'est le jugement et non des prières. C'est pendant la vie qu'il faut chercher le Sauveur et le prier.

Un dimanche, après avoir été quelque temps à la recherche de sa jeune sœur, elle la ramena chez ses parents, la prit sur ses genoux et en lui prodiguant ses caresses elle lui parla ainsi :

— Ma bonne petite sœur, je ne veux plus que tu ailles courir ainsi; viens avec moi au temple, puis je t'apprendrai à chanter de beaux cantiques.

A voir le sérieux, la piété et l'intelligence de Marie Parenteau, on l'aurait prise pour une personne de trente ans. Aussi, tous les habitants du village sans distinction, avaient ils appris à l'apprécier et à l'aimer.

Elle était dans l'Eglise évangélique du Breuillac, par sa vivante piété, comme une colonne et une lumière pour toutes les jeunes filles chrétiennes plus avancées en âge. Ah ! combien nous aurions tous voulu la conserver longtemps au milieu de nous ! Mais le Seigneur qui fait vivre et qui fait mourir, et pour qui la mort de ses bien aimés est précieuse à ses yeux (Psaume CXVI, 15), en avait jugé autrement. Marie, malgré son jeune âge, était mûre pour le ciel ; comment pourrions-nous en douter après avoir eu le privilège de contempler en elle, avant et pendant sa courte maladie, les caractères non équivoques de la foi?

Le 3 octobre 1856, Marie éprouvant un malaise dans tout son corps et principalement dans les jambes, se mit au lit pour ne plus se relever. Sa maladie ne dura que vingt-quatre heures. Au milieu de ses souffrances, elle a montré un calme, une résignation à la volonté de Dieu qui ont édifié tous ceux qui l'ont visitée. On voyait rayonner sur sa jeune et pâle figure la joie que donne le sentiment de la paix.

Elle n'a témoigné aucun regret de quitter une vie qui à son âge est d'ordinaire pleine d'illusions; elle avait renoncé à ses vains plaisirs. En échange des joies trompeuses du monde elle avait trouvé, auprès de Jésus-Christ, la bonne part qui est maintenant son trésor dans le ciel. Unie à son Sauveur, remplie de son esprit, elle put adresser des paroles de consolations aux amis qui entouraient son lit de douleur. Voyant près d'elle sa mère affligée, elle lui dit :

— Chère mère ! il n'y a qu'une chose qui me fasse de la peine.

— Laquelle, ma chère fille?

— C'est que j'ai peur que tu t'affliges.

— Non, chère amie, je ne m'afflige pas: ne sais-je pas bien que c'est la volonté de Dieu que tu sois ainsi malade.

— C'est vrai, chère mère, rien ne se fait

au hasard... Voyons si tu pleures ; montre-moi tes yeux ;... regarde-moi donc et ris. »

Et en prononçant ces mots elle souriait elle-même comme pour engager sa mère à l'imiter. De temps en temps on l'entendait adresser au Seigneur cette courte prière :

« Seigneur ! donne-moi ton Saint-Esprit. »

Preuve évidente que le Saint-Esprit habitait déjà en elle : il n'y a que l'Esprit de Dieu qui puisse nous enseigner à prier ainsi.

Peu de temps avant, Marie avait désiré une robe neuve. Sa mère lui avait permis de l'acheter, à la condition qu'elle ne mettrait que le prix indiqué par elle. Mais quand Marie fut chez la marchande, elle prit, sur les pressantes sollicitations de celle-ci, une robe d'un prix plus élevé. Dès qu'elle fut de retour sous le toit paternel, sa mère lui en témoigna son mécontentement. Notre chère Marie tomba malade peu de temps après, elle en conclut que c'était pour lui faire sentir sa faute que le Seigneur appesantissait sa main sur elle..

« — Ma chère mère ! dit elle à cette occasion, si tu savais combien j'étais tentée depuis quelque temps ! Il me venait toutes sortes de mauvaises pensées que j'étais obligée de repousser. Aussi, tu as dû t'en apercevoir;.... je tombais souvent dans le mal.

— Oui, chère amie, je reconnaissais bien que tu commettais quelques petites fautes de temps à autre.

— Et pourquoi ne me reprenais-tu pas, chère maman ?

— Chère enfant ! je ne me sentais pas assez de force; je craignais de te faire de la peine.

— Tu ne faisais donc rien pour moi pendant ce temps là ?

— Je priais le Seigneur pour toi, ma chère fille. »

— Chère maman ! s'écria alors Marie.

Et en prononçant cette exclamation elle pressait sa mère dans ses bras et la couvrait de baisers.

— Je suis tombée dans le péché, c'est

vrai, » reprit-elle; « mais j'ai cette confiance que le Seigneur me relèvera, car il n'abandonne jamais les siens; au contraire, c'est parce qu'il les aime qu'il les châtie (Héb. XII, 6).» Le roi David est tombé lui aussi, mais le Seigneur a eu pitié de lui en le relevant de ses chutes.

Lorsque ses amis venaient la voir elle n'avait rien de plus pressé que de leur recommander de prier pour elle.

La froideur de la mort ayant déjà glacé ses jambes, on essayait de la réchauffer avec des linges chauds. Sa mère s'approchant de son lit dans ce moment lui dit :

— Cela te fait-il du bien, ma chère enfant ?

— Vous réchauffez mon corps, mais...

Elle n'acheva pas sa phrase. Une de ses amies chrétiennes se trouvant à son chevet ajouta :

— Nous ne réchauffons pas ton âme, n'est-ce pas ?

— C'est cela, répondit-elle.

— Eh bien ! chère petite, reprit cette

amie, que veux-tu que nous fassions pour te soulager ?

— Priez pour moi, répondit Marie.

Elle dit encore :

« Ah ! qu'ils sont à plaindre ceux qui attendent d'être couchés sur un lit de mort pour se convertir !..... »

La mort s'avançant à grands pas et notre chère Marie sentant déjà ses froides étreintes, voulut encore entonner le beau cantique 29e du recueil de Lyon ; elle put seulement en chanter l'air, les forces lui manquant pour prononcer les paroles. Nous croyons utile de reproduire ici ce cantique qui exprimait sans doute dans ce moment les sentiments de la jeune fille.

1.

Seigneur, dans ma souffrance
A toi seul j'ai recours ;
J'attends de ta puissance,
Un sûr et prompt secours.

C'est dans les bras d'un père
Que je me suis jeté,
En sa grâce j'espère ;
Car il m'a racheté.

2.

Ame faible et craintive,
Pourquoi donc te troubler ?
Quand tu n'es plus captive,
Comment peux tu trembler ?
Laisse aux enfants du monde
Les soucis et les pleurs ;
Dieu sur qui je me fonde
A porté nos langueurs.

3.

Je n'ai pour mon partage
Aucun bien temporel :
Mais un riche héritage
M'est acquis dans le ciel.

Pour ceux que Jésus aime
C'est trop peu que de l'or ;
Il se donne lui-même
Et devient leur trésor.

4.

Qu'il est doux de se dire :
L'Éternel pense à moi ;
Il voit quand je soupire ,
Quand je suis dans l'effroi.
Il recueille mes larmes ,
Et veut les essuyer ;
Et je n'ai point d'alarmes
Qu'il ne puisse calmer.

Une demi-heure après, Marie avait remis son âme entre les mains de son Sauveur, et elle partage aujourd'hui sa gloire céleste avec tous les anges et les rachetés.

Marie Parenteau avait-elle le pressentiment de sa fin prochaine? Nous l'ignorons. Mais une circonstance que nous allons reproduire pourrait le faire supposer ; du moins chacun sera frappé de la parfaite coïncidence qui existe entre ce fait et une mort prématurée. Immédiatement après son délogement de ce monde, l'on trouva un papier sur lequel elle avait copié, peu de temps avant sa mort, dans un journal religieux, l'*Ami de la Jeunesse*, le morceau de poésie suivant :

Il est un moissonneur dont le nom parmi nous
Est la mort. Mais au ciel il porte un nom plus doux,
Je le vis un matin qui traversait la plaine,
Fauchant les épis mûrs et les fleurs d'une haleine.

Sur les frêles boutons qu'avait touchés sa faux;
Il se pencha longtemps l'œil voilé de tristesse,
Respira leurs parfums et les trouva si beaux
Qu'il se prit à pleurer leur grâce et leur jeunesse.

« Je vous aime,» dit-il, «et je voudrais pourtant,
« Douces fleurs vous laisser longtemps, longtemps
[encore]
« A ceux qui vont pleurer... Mais mon Roi vous
[attend]
« Et c'est sous son regard que vous allez éclore.

« Est-il rien ici-bas de trop beau pour les cieux ?
« La terre pour son Dieu n'aura -t-elle en offrande
« Que le rebut flétri, de ses dons généreux ?
« Mon maître vous créa, c'est lui qui vous demande.

« De ce monde où lui-même il voulut être enfant,
« Vous êtes tendres fleurs, le tribut qu'il préfère.
« Pourquoi pleurer sur vous quand le ciel vous at-
[tend ?]
« Vous fleurirez là-haut dans le champ de lu-
[mière. »]

Le moissonneur se tut ; il prit les pâles fleurs.

— Marie s'est arrêtée là en mettant sa signature,

Marie PARENTEAU.

Lecteur de ces lignes ! Demandez-vous si les sentiments de cette jeune enfant sont dans votre cœur. et si, comme elle, vous connaissez le Sauveur de nos âmes ; demandez-vous si vous avez cherché et trouvé en Lui le pardon de tous vos péchés ; cela en vaut certes la peine. La mort est aussi près de vous et c'est une chose terrible que de tomber inconverti et avec ses péchés sur la conscience entre les mains du Dieu vivant (Héb. X, 31). Si vous voulez mourir de la mort des justes et avoir une fin semblable à la leur dans l'éternité, *cherchez l'Éternel pendant qu'il se trouve ; invoquez-le tandis qu'il est près* (Esaïe LV, 6). Abandonnez vos voies d'incrédulité et de désobéissance ; fuyez sans retard la colère de Dieu. L'arche du salut est encore ouverte pour vous : Entrez-y sans écouter ni le monde ni votre cœur. Peu importe devant Dieu si vous êtes *catholique* ou *protestant* de nom ; ce qui est indispensable à votre salut, c'est de devenir, — si vous ne l'êtes pas déjà, — un chrétien selon l'Evangile. C'est pour ceux qui sont en Jésus-Christ par la foi qu'il n'y a plus de condamnation (Rom. VIII, 1).

FIN.